GOUVERNEMENT GÉNÉRAL DE L'AFRIQUE OCCIDENTALE FRANÇAISE

COMPTE RENDU

DE LA

DISTRIBUTION DES PRIX

DE

L'ÉCOLE NORMALE DE SAINT-LOUIS

SAINT-LOUIS

IMPRIMERIE DU GOUVERNEMENT

1906

COMITE DE L'EMPIRE FRANÇAIS
12 AVRIL 1945
BIBLIOTHÈQUE

COMPTE RENDU

DE LA

DISTRIBUTION DES PRIX

DE L'ÉCOLE NORMALE DE SAINT-LOUIS

La distribution des prix aux élèves de l'Ecole normale de Saint-Louis (section des élèves-maîtres et des élèves interprètes) a eu lieu le vendredi 13 juillet, à 5 heures 1/2 du soir, sous la présidence de M. le Gouverneur Camille Guy, Lieutenant-Gouverneur du Sénégal. La cour intérieure de l'Ecole avait été décorée à cette occasion de drapeaux, de verdure, de fleurs, avec un goût exquis par les soins du Bureau du matériel. Un grand nombre de personnes avaient tenu à honorer de leur présence cette fête scolaire.

Sur l'estrade avaient pris place, autour de M. le Gouverneur Guy, les principales notabilités de Saint-Louis, parmi lesquelles M. Carpot, président du Conseil général, M. le colonel Le Camus, M. Hibon, secrétaire général, M. Martot, chef du Service des Postes, M. Corrard, chef du Service des Douanes, M. Landard, trésorier-payeur général, M. Raymond Martin, conseiller privé, M. Calcat, conseiller général, M. Mariani, inspecteur *p. i.* de l'Enseignement en Afrique occidentale française, M. Risson, chef

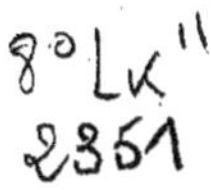

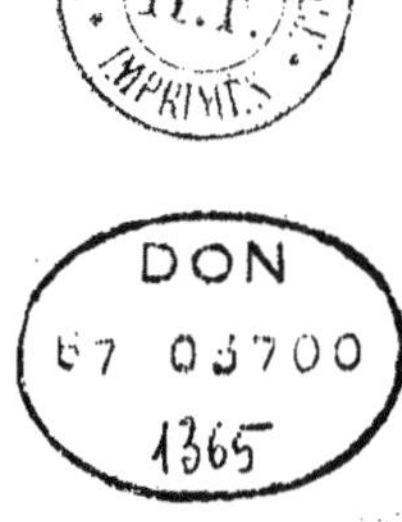

du Service de l'Enseignement, MM. Repiquet, Planus, Reynaud, de Monfort, administrateurs, M. Touzet, industriel, etc...

La musique de l'*Union sénégalaise* sous l'excellente direction de M. Tournon, avait bien voulu prêter son gracieux concours.

M. le Gouverneur Guy donna la parole à M. Morel, directeur de l'Ecole normale, qui prononça l'allocution suivante :

Monsieur le Gouverneur,

Je salue en vous avec respect le représentant de Monsieur le Gouverneur général et en même temps le Chef de la Colonie.

Au nom du personnel de l'Ecole normale, je vous exprime mes sentiments de très sincère reconnaissance pour avoir bien voulu accepter la présidence de cette solennité scolaire.

Ce n'est certes pas la première fois que vous présidez une distribution de prix, ce n'est sûrement pas la dernière et ce n'est même pas la première fois que vous le faites ici. Mais vous êtes un ancien maître de l'Université française et noblesse oblige.

Vous avez devant vous, Monsieur le Gouverneur, des élèves à qui vous avez parlé il y a quelques années, mais la plupart vous sont inconnus. Mon devoir est donc de vous les présenter.

Tous sont animés d'un très bon esprit de soumission, de discipline et surtout de reconnaissance envers le Gouverneur général de l'Afrique occidentale française, qu'ils considèrent comme leur bienfaiteur.

Il y en a de très laborieux, d'intelligents, ce qui ne va pas chez eux sans un certain orgueil ; il y en a aussi quelques-uns qui ont rarement péché par excès de travail.

Chacun sera traité selon son mérite et les récompenses qui vont être décernées tout à l'heure au plus grand nombre seront, nous l'espérons, un encouragement, un stimulant pour ceux qui n'en auront pas. Car il n'entre certainement pas plus dans les intentions de l'Administration que dans notre esprit de conserver sur les bancs de cette Ecole quelques fruits secs, mais bien de donner une instruction convenable à ceux qui en sont capables et qui en sont dignes.

Le but que mes collaborateurs et moi nous entendons poursuivre, c'est d'obtenir des résultats, c'est-à-dire que nous voulons, par nos services, mériter la confiance qu'on a placée en nous.

Les examens qui viennent d'avoir lieu, les examens de la sortie des élèves-maîtres et l'examen des élèves-interprètes ont été tous les deux, je crois pouvoir l'affirmer, très satisfaisants. Nous en sommes heureux et fiers, mais nous n'oublions pas que, sauf M. Auclerc, le plus dévoué des maîtres et le plus attaché à ses devoirs, nous sommes jeunes dans cette école et que ce que nous avons récolté, d'autres l'ont semé; qu'ils reçoivent ici, de ma bouche, l'hommage qui leur est dû.

Je ne saurais terminer cette allocution sans exprimer toute la satisfaction que nous éprouvons, mes collègues et moi, à constater que d'aussi nombreuses personnes ont tenu à encourager par leur présence, la marche vivante de l'Ecole normale. Je vous adresse Messieurs, mes remerciements les plus vifs, et à vous aussi, Mesdames, qui êtes ici, comme dans toute réunion, l'élément indispensable et par excellence de grâce et de charme.

M. Auclerc, surveillant général, prononce ensuite le discours suivant qui est écouté avec beaucoup d'intérêt :

Monsieur le Gouverneur,

Mesdames, Messieurs,

Chers élèves,

Personne aujourd'hui n'oserait contester l'utilité de l'instruction : l'ignorant avance dans la vie comme l'aveugle dans la rue, impuissant, sans défense, sans jouissance.

En 1882, le Gouvernement de la République française assurait à tous les petits français le minimum de connaissance qu'il n'est plus permis de ne point posséder. Mais, par delà les mers, il existait aussi de petits français, comme vous, comme les jeunes Malgaches et les jeunes Tonkinois. — Seraient-ils plus déshérités que leurs camarades de la mère patrie? Non, chaque Colonie a fait pour ses enfants ce que la France faisait pour les siens, et le Sénégal, je suis très heureux et très fier de le dire, a peut-être plus fait qu'aucune autre colonie pour répandre l'instruction chez les indigènes.

Notre grand Faidherbe avait trouvé à son arrivée au Sénégal, je le tiens de mon vieux père, qui a servi avant moi dans cette colonie, des écoles bien rudimentaires, il est vrai, mais qui, déjà, diffusaient dans les principales agglomérations la langue et la civilisation françaises. Vous savez comme moi combien il aimait son Sénégal, combien il avait à cœur de faire des populations indigènes des populations vraiment françaises. Il encouragea donc ces écoles, il les protégea, il en fonda de nouvelles.

Il eut l'idée aussi originale que féconde de réunir à Saint-Louis les fils de Chefs de l'intérieur et de fonder l'Ecole des otages, en 1855. C'est la mère de l'Ecole normale actuelle.

Cette institution prospéra et rendit d'immenses services. Les jeunes gens qui en formaient la clientèle y acquirent la connaissance de la langue française, s'imprégnèrent de notre civilisation, et rentrés dans leurs familles, devinrent nos meilleurs auxiliaires dans l'œuvre de pacification et de progrès que nous avions entreprise.

Depuis, l'influence française s'est étendue d'une façon prodigieuse dans tout l'Ouest de l'Afrique.

L'arbitraire, l'oppression, les guerres et leurs désolations ont disparu pour faire place à un régime de paix et de justice. Les régions soumises à l'autorité française sont devenues tranquilles et prospères. Le moment était arrivé de répandre les bienfaits de l'instruction dans la masse même des populations de l'intérieur. Ce fut l'œuvre de M. le Gouverneur général Roume qui, par l'arrêté du 23 novembre 1903, organisait définivement l'enseignement en Afrique occidentale française.

De nombreux instituteurs ont été appelés de France et sont allés ouvrir des écoles dans l'intérieur. De ces écoles rayonne l'idée française. Mais, à côté du personnel qui les dirige, forcément insuffisant, il fallait constituer un personnel enseignant indigène. C'est pour répondre à cette préoccupation que le Gouverneur général a fondé l'Ecole normale. Depuis trois ans, à côté de l'ancienne Ecole des otages, devenue le Collège des fils de Chefs, existe une section normale, assurant le recrutement des instituteurs indigènes. La première promotion va sortir cette année.

Nous pensons que les grands sacrifices consentis n'auront point été inutiles, et que les élèves formés ici sauront justifier les espérances que M. le Gouverneur général a fondées sur eux.

Jeunes gens, vous allez rentrer dans vos familles.

Permettez-moi de vous donner quelques conseils.

Elèves maîtres qui, demain serez maîtres à votre tour, ne vous croyez point savants. Travaillez pour vous instruire encore, l'étude procure des jouissances matérielles. Vos élèves aussi bien que vous y gagneront : n'oubliez pas qu'il faut savoir beaucoup pour enseigner peu Surtout, faites votre travail en conscience, les résultats sont à ce prix. Aimez vos élèves, intéressez-vous à leurs efforts, à leur santé, ils vous payeront en respect et en reconnaissance. Montrez-leur la France, grande, forte, mais tutélaire aussi, honorée et respectée entre toutes parmi les nations, et que vos élèves apprennent à vénérer cette France lointaine, qui les civilise et les protège.

Interprètes, futurs chefs, répétez dans vos villages ce qui vous a été dit à l'Ecole normale. Faites preuve de bonne éducation, montrez les avantages de la civilisation, de la propreté, de l'hygiène, et prêchez d'exemple. Perfectionnez les procédés de culture en usage dans votre pays, créez un jardin : on vous imitera et le bien être de tous en sera augmenté. Lorsque l'Administration, estimant votre mérite et vos qualités, voudra bien vous déléguer une partie de son autorité, soyez probes et dévoués. N'oubliez pas que c'est de la France que vous tiendrez votre situation et servez-la fidèlement.

Surtout, parlez français. C'est en vous exprimant en français en lisant des livres français, que vous conserverez l'usage de la langue française. Elle est bien belle, cette langue, si belle, si limpide, si précise que toutes les nations civilisées l'ont adoptée pour correspondre entre elles. Avec elle, on est toujours en contact avec tout ce qui a été dit et pensé de beau, de grand, de juste et de fort.

Ici-même il y a quatre ans, Monsieur le Gouverneur, vous avez dit avec une éloquence, devant laquelle ma voix s'incline :

« Parler français, c'est penser en français et penser en français,

« qu'on me permette de le dire avec orgueil, c'est être quelque « chose de plus qu'un homme ordinaire, c'est s'associer à la « noblesse de la destinée de notre pays, c'est vivre de notre vie « nationale.

« La pensée française a dominé les vingt siècles qui viennent « de tomber dans l'abîme du temps. C'est elle qui a enseigné au « monde que le droit est plus respectable que la force, que la jus- « tice doit dominer les intérêts et les passions, et que les petits et « les vaincus ont droit à plus de respect et à plus d'égards que les « triomphateurs et les conquérants.

« Nourris donc de la culture française, appréciez chaque jour « davantage nos intentions et nos efforts. La haine est stérile, et « nous rêvons de créer l'union de nos deux familles et de nos deux « peuples. Apprenez-donc le français, mes jeunes amis, pensez en « français et vous ferez de grandes choses. »

M. le Gouverneur Guy prononce ensuite ce discours :

Mesdames, Messieurs,

Mes jeunes amis,

Il y a quatre ans, à pareille date, je disais ici même un dernier adieu à la vieille maison qui devait disparaître, quelques semaines après, autant sous le souffle des idées nouvelles que sous la pioche des démolisseurs. C'était encore quelque chose de l'ancien Sénégal qui s'en allait que cette Ecole des Otages créée par Faidherbe. Si le nom qu'on lui avait donné n'était pas bien choisi et nous choque aujourd'hui comme un contre-sens, l'idée était grande et digne de celui qui l'avait conçue. De fait elle a donné de beaux résultats, ainsi que vous le disait tout à l'heure votre cher professeur, et maintenant encore on rencontre de par le Sénégal, des interprètes vaillants en dépit de leur âge et des chefs qui ont résisté aux fatigues d'une longue carrière qui sont heureux de rappeler avec orgueil qu'ils sont sortis de cette Ecole et ont été les premiers à propager à travers la brousse la langue et l'influence de notre pays. L'Ecole des Otages devint plus tard Ecole des fils de chefs et ce nom mieux adapté au but poursuivi démontrait par lui-même l'évolution bienfaisante que subissaient nos rapports avec les indigènes. Enfin, rajeunie, régénérée matériellement et moralement, l'ancienne Ecole des Otages sort des cendres du passé sous le nom significatif et démocratique d'Ecole normale.

Ecole normale, Messieurs, cela veut dire une maison d'enseignement et d'éducation où conformément aux méthodes les meilleures, aux règles que l'expérience a démontré sages, les élèves apprennent ce qu'il leur faut savoir, plus même qu'il ne leur faut savoir pour rendre dans l'existence les services qu'on attend d'eux. Cela veut dire aussi, dans notre esprit, que ces règles ne seront pas celles que nous aurons posées nous-mêmes au nom de je ne sais quelle infaillibilité mais celles qui tiendront compte des mœurs, des coutumes et des traditions des indigènes qui sont des français, d'adoption il est vrai, mais des français comme nous. De quel droit, en effet, prétendrions-nous détenir sur toute chose la vérité et voulant attirer à nous les populations dont nous connaissons par expérience la docilité et le bon vouloir, voudrions-nous entreprendre de bouleverser leurs idées, de choquer leurs habitudes et de détruire leur conception sociale quand ces idées, ces habitudes, cette conception sont d'accord avec les principes de la liberté et de la justice ? Que nous châtions les préjugés barbares, les usages dangereux et néfastes, la tyrannie du plus fort sur le plus faible, et surtout, la plaie hideuse de l'esclavage, cela nous le ferons sans défaillance. Mais nous le ferons avec plus de pitié que de colère, en nous souvenant que tous les individus privés d'instruction et de direction sont les mêmes sous toutes les latitudes, que placés dans des situations identiques les hommes ont des idées analogues et qu'il ne faut se montrer ni intransigeants ni sévères au nom d'une civilisation supérieure qui en plusieurs centaines d'années n'a pas achevé son œuvre en Europe et que les indigènes connaissent à peine d'hier. Ils ont conservé, dit-on, la confiance au marabout guérisseur ; certains de nos paysans n'ont-ils pas foi au rebouteux ? Ils croient à la vertu des grigris, n'y a-t-il donc plus de sorciers en France ? Et quelle différence faites-vous entre l'habitant de Dagana ou de Podor qui n'envoie pas son enfant à l'école parce qu'il faut semer les arachides et le fermier de Normandie ou du Languedoc qui garde le sien pour mener les vaches au pâturage ? Non, Messieurs, une civilisation qui entend s'imposer par la force ne conquiert pas un pays ; elle peut avoir l'illusion de la conquête, elle n'en a pas la réalité. C'est par la douceur, la persuasion, la démonstration du fait constaté ou du résultat obtenu que se gagnent ces victoires pacifiques ? Voulez-vous tuer la redoutable et funeste influence du marabout ? Ayez des médecins qui guérissent des maladies contre lesquelles ils ont été impuissants. Voulez-vous convaincre les indigènes de la nécessité et de l'utilité de parler français ; ayez des instituteurs qui les rendent meilleurs, plus forts physiquement par l'hygiène, plus respectables moralement par une notion différente du devoir Voulez-vous les amener à demander le bénéfice de notre justice ? Ayez une justice plus juste que la leur, un respect plus grand des faibles et des malheureux. L'assimilation des indigènes aux idées françaises par la France a réalisé un immense progrès sur les procédés de colonisation autrefois unanimement acceptés ; mais l'assimilation aux idées françaises des indigènes par les indigènes constitue la véritable solution, la seule qui respecte les droits des individus et des races.

Et voilà pourquoi je suis ici, jeunes élèves qui allez partir. Je suis venu au nom de M. le Gouverneur général Roume qui a eu la belle idée de cette école, et au mien, saluer la première promotion d'élèves-maîtres qui va quitter l'Ecole et porter au loin sur les rivages du fleuve *Sénégal* comme dans l'épaisse forêt de la Côte d'Ivoire, dans le massif du Fouta-Djallon comme dans les sables du Sahel, notre langue, notre pensée : tout l'héritage intellectuel et moral de vingt générations qui luttèrent pour le droit et pour la vérité. Plus près de vos élèves puisque vous tenez au sol par les mêmes racines, vous les devinerez mieux, vous saurez mieux les convaincre et les amener à nous comprendre et à nous aimer. Les brillants examens qui ont clôturé l'année scolaire et dont je vous félicite en même temps que j'en félicite votre Directeur et vos Maîtres, ont prouvé que vous connaissiez les bonnes méthodes, que vous preniez à cœur votre beau métier et que vous seriez pour nous des collaborateurs puissants et dévoués. Allez maintenant ; vous êtes les missionnaires laïques d'une œuvre qui commence à peine et dont nous espérons beaucoup.

J'en dirai autant aux élèves qui vont, eux aussi, débuter dans l'administration soit comme interprètes soit comme secrétaires des tribunaux indigènes. Votre tâche est grande et belle, mes amis, elle est délicate aussi. Comme interprètes vous êtes les confidents de l'Administrateur ; vous êtes un peu de sa conscience puisqu'il doit se confier à vous et que toute défaillance de votre part aurait une allure de trahison. Comme secrétaires des tribunaux indigènes, vous aiderez à la réalisation de cette réforme qui a voulu que l'indigène fut jugé non pas d'après les principes qu'il ne comprend pas encore mais d'après ses principes à lui, qui a voulu que cette justice soit bonne et prompte et qui a assuré le respect de toutes les traditions quand elles sont respectables. Sans doute, un jour viendra qui n'est peut-être pas loin, où tous les habitants de l'Afrique occidentale comprendront que notre justice est supérieure et les raisons pour lesquelles elle l'est. C'est à vous qu'il appartient de leur ouvrir les yeux mais en respectant leur volonté, et en leur assurant jusque-là une sereine impartialité. Enfin, vous aussi, jeunes gens qui commanderez un jour, qui aurez à administrer un village ou un canton, vous ferez honneur à cette maison si vous la quittez avec cette conviction que rien n'est bon que la bonté, que la violence est mauvaise et stérile et que la meilleure des diplomaties consiste a être toujours, et même à ses dépens, un honnête homme dont le cerveau s'est meublé, dont le cœur s'est empli et dont les mains restent vides.

« O Robespierre, disait Vergniaud, tu voudrais consommer la « Révolution par la force, j'aurais voulu la consommer par l'amour ». Et nous aussi c'est par l'amour que nous voulons consommer, non pas notre révolution, mais notre évolution pacifique. Le temps de la conquête n'est plus ; celui de la justice commence et c'est par l'adhésion volontaire et réfléchie des populations plus jeunes et arriérées aux populations plus vieilles d'âge et d'expérience que se créera l'entente définitive et féconde qui unira à travers les temps et l'espace les générations des deux peuples.

LISTE DES PRINCIPAUX LAURÉATS

Grand prix d'honneur offert par M. le Gouverneur général, au meilleur élève de l'Ecole normale : Papa-N'Diaye (élève-maître).

Prix offert par M. le Lieutenant-Gouverneur du Sénégal, à l'élève qui s'est le plus distingué par son travail et sa conduite : Papa-N'Diaye.

Prix offert par M. le Président du Conseil général : Sidya-Sar, (élève-interprète).

Prix offert par M. le Maire de Saint-Louis : Anani (élève-maître).

Prix de l'*Alliance française*, offert par M. Germain d'Erneville, président du Comité de l'*Alliance française* de Saint-Louis, à l'élève le plus fort en français : Moussa-Faye (élève-maître).

Prix offet par l'Inspecteur Directeur du Service des Postes et Télégraphes, à l'élève le plus fort en sciences : Wendé-Dieng (élève-interprète).

Voici les noms des élèves les plus souvent nommés :

Elèves-maîtres de 2e année :

Papa-N'Diaye ; Hunkarin ; Anani ; Da-Silva ; Ibrahim-N'Daw ; Ly-Daouda.

Elèves-maîtres de 1re année :

Moussa-Faye ; Samba-Sow ; Papa-Seck ; Diop-Fara ; Abdoulaye-N'Diaye ; Zangbedé.

Elèves-interprètes 1re année :

Samba-Laobé-Diop ; Sidya-Sar ; Ely Manel-Fal ; Abdoulaye-Kane ; Thierno-Sal ; Racine-Elimane ; N'Diogou-Bâ ; Birahim-N'Diaye.

Elèves-interprètes 2e classe :

Coumba-N'Doffène ; Bouna-N'Diaw ; N'Diaye-N'Bodj ; Dama-Camara.

1906

www.ingramcontent.com/pod-product-compliance
Lightning Source LLC
LaVergne TN
LVHW020504230826
846091LV00008BA/3336

* 9 7 8 2 0 1 9 9 2 4 7 7 5 *